Ce que nous réserve

la

Prochaine Guerre

PAR

LE COMMANDANT X...

NICE

TYPOGRAPHIE, LITHOGRAPHIE ET PAPETERIE J. VENTRE ET C°

6, *Rue de la Préfecture et place de la Préfecture, 1*

1893

Ce que nous réserve

la

Prochaine Guerre

PAR

LE COMMANDANT X...

NICE

TYPOGRAPHIE, LITHOGRAPHIE ET PAPETERIE J. VENTRE ET C°

6, Rue de la Préfecture et place de la Préfecture, 1

—

1893

Ce que nous réserve la prochaine guerre

guerre

———

I

Il faut avouer que jamais, dans l'histoire des peuples, il ne s'est présenté un moment aussi tristement solennel que celui que nous traversons aujourd'hui. La vieille Europe, saisie de frénésie, a mis sur pied toute sa population valide, tout ce qui a une force, une énergie, une valeur quelconque, pour le partager en deux camps ennemis, à peu près égaux, qui, comme les gladiateurs antiques, la rage au cœur et l'écume aux lèvres, n'attendent plus que le signal de s'entr'égorger.

Jamais on ne vit en présence des masses pareilles. On a beau chercher dans le cours des siècles, des annales chinoises les plus reculées jusqu'à l'histoire contemporaine, de Xercès aux invasions des barbares, de Gengis-Khan à Napoléon. Jamais on ne vit, non seulement rien de semblable, mais encore rien qui pût être comparable. Ce n'est plus par mille, ni par centaines de mille que se comptent les combattants, mais par millions et par dizaines de millions ! Malgré tous les efforts que l'on peut faire pour recueillir ses esprits, pour se mettre de sang-froid en présence d'une pareille situation, on a de la peine à y parvenir : on reste confondu ; on croit rêver ; et on n'arrive pas à comprendre comment les hommes de la fin du dix-neuvième siècle, avec leur civilisation raffinée, leurs aspirations vers le progrès, leur marche prodigieuse en avant dans le domaine intellectuel et scientifique, ont pu se laisser acculer à un état de choses aussi lamentable. En dehors de quelques grandes convulsions de la nature, c'est le cataclysme le plus effrayant qui aura jamais affligé l'humanité.

Et si l'on en recherche les causes, on demeure tout aussi confondu : elles sont là, devant nous, vivantes et en quelque sorte palpitantes, remontant à peine à quelques années, ayant suivi leur développement régulier en face de l'Europe impassible ou complice, l'ayant enserrée peu à peu d'un réseau de mailles de fer, qui l'étouffe, et dont elle ne peut plus désormais sortir sans y laisser toutes les chairs pantelantes. Cet état de choses n'a d'autre origine qu'une simple satisfaction d'ambition d'un ex-petit Roi de Prusse.

II

LA GUERRE PEUT-ELLE ENCORE ÊTRE ÉVITÉE ?

Et cet horrible cataclysme, y a-t-il encore un moyen quelconque de le conjurer, ou au moins d'en reculer la date ? Hélas ! il faut bien reconnaître qu'il ne reste que peu d'espoir ; il semble fatal, inéluctable. Tous les efforts des amis de la paix, et ils sont pourtant légion, toutes les tentatives des partisans du désarmement n'ont plus aucune chance d'aboutir. L'esprit des peuples en présence est monté à un diapason tel, tous ont pris une position si nette, qu'on peut dire qu'ils ont brûlé leurs vaisseaux, et que Dieu, lui-même, ne pourrait plus arrêter leurs bras. L'effroyable mêlée est imminente ; il faut que la destinée s'accomplisse.

Pourtant, (il se produit toujours une petite éclaircie dans le ciel le plus sombre), il peut se faire que les événements de ces derniers jours amènent quelques modifications dans l'orientation politique de certains des champions de cette horrible lutte. Nul, en effet, ne peut plus douter aujourd'hui de l'alliance certaine et définitive de la France et de la Russie : la grande barrière, celle qui semblait à tout jamais infranchissable, le sentiment d'hostilité instinctive que l'on prêtait à la démocratie française à l'égard du Tzar, est tombée spontanément, s'est évanouie comme une fumée. Ce dernier, comme tout le monde, est aujourd'hui fixé sur ce sentiment ; il sait maintenant, à n'en plus douter, qu'en France les masses populaires, essentiellement généreuses, n'oubliant jamais un bienfait, (ce que l'Europe des appétits et des bassesses de l'heure présente paraissait avoir oublié), ont pour sa personne, aussi bien que pour son peuple, une affection réelle et profonde.

Ce point étant établi, il peut se faire que l'Autriche, qui, comme l'Italie, joue dans la Triple-Alliance un terrible rôle de dupe, ouvre enfin les yeux, et, se voyant désormais directement menacée par son voisin de l'Est, arrive à comprendre que la neutralité est sa seule chance de salut. Si elle intervient, en effet, dans le prochain conflit, elle est perdue en cas de succès des armées franco-russes, et elle l'est tout autant, quelque paradoxal que cela paraisse, dans l'hypothèse opposée, ses Provinces allemandes devant fatalement, et aussitôt après, tomber entre les mains de son redoutable allié.

Mais il ne faut pas se le dissimuler : il n'y a que de bien faibles chances pour que l'Autriche ouvre les yeux, et change sa ligne de conduite. Pourquoi ? Parce qu'elle est trop engagée, parce qu'elle est entrée dans la Triple-Alliance après avoir mûrement réfléchi et dans l'espoir d'avantages qui miroitent encore à ses yeux, parce qu'il lui a fallu des raisons singulièrement puissantes pour mettre sa main dans celle d'un ennemi, qui l'avait tant humiliée et bafouée, parce qu'elle craint la Russie plus encore que l'Allemagne ; qu'elle a renoncé à s'étendre vers cette dernière, et qu'elle voit, au contraire, la possibilité de le faire vers la mer Noire, enfin, parce que

« *Quos vult perdere Jupiter, dementat* ».

Du reste, si, à la suite des derniers événements, les chances de guerre ont diminué de quelques centièmes du côté de l'Autriche, elles ont augmenté de partout ailleurs. L'Allemagne et l'Italie ne se sentent plus de rage ; elles veulent la guerre, qu'elles jugent depuis longtemps inévitable, et elles chercheront à brusquer le mouvement précisément pour rendre impossible cette évolution de l'Autriche. L'Italie, d'ailleurs, est acculée ; il faut qu'elle choisisse incessamment entre la guerre ou la banqueroute.

Et la France ? croit-on qu'elle se laissera bafouer indéfiniment ? qu'elle continuera à laisser attaquer ses ambassades, et supportera, avec la même longanimité que par le passé, les provocations et les défis ?

Croit-on que les derniers événements lui aient fait oublier l'Alsace-Lorraine ?

Les chances de guerre, en se plaçant au point de vue de la situation respective des différents États, n'ont donc guère changé, et l'on peut toujours dire malheureusement que la guerre est inévitable.

D'ailleurs, en dehors de ces considérations morales, il est une considération matérielle qui prime tout, qui a le caractère d'une nécessité inéluctable, et qui, à elle seule, pourrait nous dispenser de toutes les autres : c'est la question des armements. Les peuples, pris de vertige, enfouissent chaque année plusieurs milliards dans un gouffre sans fond, en fabrication de machines de guerre qui, l'année suivante, sont jetées au rebut, sans le moindre profit, sans le moindre effet utile pour l'humanité. Tout cet argent, tout ce travail immense reste complètement improductif, et tout est constamment à recommencer ; c'est un véritable tonneau des Danaïdes. Il est impossible, si cela continue, que toute fortune publique n'y sombre, et que chaque nation n'arrive à son tour à la banqueroute et à la guerre sociale. L'heure sonnera donc successivement pour chaque peuple où il faudra choisir entre la banqueroute et l'anarchie d'un côté, et la guerre étrangère de l'autre. C'est un dilemme dont il est impossible de sortir. Nul doute qu'on ne choisisse la guerre, car, de ce côté au moins, il y aura quelques chances de salut, tandis que de l'autre c'est la ruine assurée, l'incendie du foyer, et, par surcroît, la guerre étrangère, avec la certitude, cette fois, de devenir la proie de l'ennemi.

Nous sommes donc bien obligé de conclure, et quoiqu'il nous en coûte, que la guerre, par quelque côté que l'on envisage la situation, est, comme nous venons de le dire, absolument inévitable.

III

QUELS SERONT LES VAINQUEURS ?

Terrible question, redoutable problème, auquel il est singulièrement difficile, dans l'état actuel des données que nous possédons, de trouver une solution non-seulement certaine, mais même approximative. Il faudrait des volumes pour passer en revue les qualités ou les défauts des armées en présence, pour faire ressortir les points forts et les points faibles de leurs organisations militaires, pour mesurer et comparer le degré de puissance des forces multiples et des moyens d'action dont elles disposent. Ces ouvrages existent ; tous les sujets se rapportant à cette troublante question ont été traités et envisagés sous toutes leurs faces. En est-on plus avancé ? En faisant la synthèse de tous ces écrits, la plupart fort bien faits, ayant pour auteurs des personnages parfaitement compétents, quelquefois même impartiaux, est-il vraiment possible de conclure ? Il faut bien avouer que non. Tout ce que l'on peut dire ; c'est qu'il y a de part et d'autre des moyens d'action d'une puissance inouïe dont on n'a pu encore se rendre un compte exact, des forces incalculables, et qu'en apparence ces forces sont à peu près égales.

En faisant tous nos efforts pour juger de ces choses avec calme et sang-froid, nous arrivons à la conviction, (et ce ne sera pas le côté le moins tristement dramatique de cette future et lugubre épopée), que de simples incidents de guerre, qu'il est à peu près impossible de prévoir, pourront être les facteurs déterminants de l'issue de cette lutte suprême.

Tout reposera probablement sur l'intelligence et le degré d'entente des généraux, car tout consistera, sans nul doute, à savoir concentrer sur chaque champ de bataille les plus grandes masses possibles.

Il y aura pour les Gouvernements Français et Russe une difficulté à laquelle on ne songe guère communément, mais qui n'en sera pas moins grosse de dangers ; ce sera l'interruption des communications postales et télégraphiques. Si l'Angleterre prend part à la lutte, tous les câbles leur seront immédiatement interdits ; si elle reste neutre, elle leur en refusera, en haine de la Russie et précisément sous prétexte de neutralité, la libre jouissance. Ne pas oublier que pendant l'expédition du Tonkin, alors qu'il n'y avait eu de part et d'autre aucune déclaration de guerre officielle, et que les navires anglais, à la faveur de cette échappatoire, passaient à quelques encablures de l'amiral Courbet frémissant, chargés d'armes à destination des Célestes, elle nous refusait du charbon, sous ce même prétexte de neutralité, dans toutes ses escales de l'Extrême-Orient. Enfin, au cas improbable où l'Angleterre n'interviendrait d'aucune façon dans la question, il ne sera pas beaucoup plus difficile aux flottes de la Triple-Alliance, malgré la surveillance que pourront exercer les nôtres, de couper ces câbles que de faire sauter par un simple coup de main une ligne de chemin de fer. Quant aux communications par terre, il n'y faut pas songer. La voie de Turquie, par le nord de l'Afrique, la seule à envisager, sera loin d'être assurée ; non seulement elle dépendra des dispositions du Sultan, mais encore elle sera coupée par l'Egypte. Il y aurait bien aussi la ligne terrestre de Sibérie, de l'Amérique du Nord et du câble français de Boston à Brest par Saint-Pierre et Miquelon, mais elle est coupée par les possessions anglaises du Canada et de la Colombie. Il en résultera donc une difficulté très grande de communications entre les deux États, et cela, outre l'impossibilité de combiner aucune opération, produira des malentendus, des méprises et des confusions singulièrement dangereuses.

Nous dirons cependant, malgré toutes ces considérations quelque peu désolantes, que nous impose la froide observation dont nous ne voulons pas nous départir, que, toutes choses égales d'ailleurs, le succès doit rester à l'Alliance Franco-Russe, pour la simple raison que de ce côté il n'y a que des troupes de premier ordre, tandis que du côté opposé, les troupes allemandes seules peuvent être rangées dans cette catégorie.

Ajoutons enfin que certaines des armées de la Triple-Alliance, peu confiantes les unes dans les autres, hantées par plus d'une arrière-pensée, se battront sans grande conviction, manqueront de cohésion, et laisseront parfois, sans trop de regrets, peut-être avec un secret plaisir, malmener leurs amis, tandis que, du côté Franco-Russe, il y aura une connexité de sentiments, une telle émulation, un tel entrain, que chacun des deux alliés fera des prodiges, et n'hésitera pas, le cas échéant, à se faire écharper pour sortir l'autre du danger.

Mais quoiqu'il en soit de ces terribles éventualités, nous ne nous y attarderons pas davantage, car tel n'est pas l'objet de cette étude : ce que nous voulons rechercher, en procédant le plus rationnellement possible, en nous appuyant sur toutes les données que nous avons aujourd'hui en mains, et en serrant au plus près le calcul des probabilités, c'est la solution même de ce lugubre drame ; ce sont les conséquences, directes ou indirectes, immédiates ou différées, de cette grande convulsion, c'est le sort qui nous est réservé en cas de succès de nos ennemis, et celui que nous leur ferons dans le cas contraire. En un mot, que deviendra l'Europe après la prochaine guerre ?

IV

LES SUITES DE LA PROCHAINE GUERRE

Il n'est pas besoin d'être grand clerc pour s'apercevoir que, dans l'état actuel de l'Europe, toutes les considérations d'ordre moral aussi bien que d'ordre matériel, nous conduisent à la même conclusion, c'est-à-dire que la prochaine guerre sera une guerre impitoyable, sans merci, à la façon des temps antiques. L'objectif sera et ne peut être autre chose que de faire à l'ennemi le plus de mal possible, et, pourquoi mâcher les mots, de l'anéantir. Cette conclusion s'impose comme une loi inéluctable, non pas seulement en raison de l'état d'exaltation des esprits, des haines, des rancunes, qui s'accumulent de plus en plus, ni même de la mise en jeu du plus puissant facteur des temps modernes, des intérêts ; il y aura plus ; il y aura une condition de vie ou de mort pour le vainqueur. Ce dernier, s'il veut continuer à vivre, devra écraser son ennemi. Et cette conclusion lamentable, monstrueuse pour notre époque, est malheureusement trop facile à prouver : c'est le simple corollaire du théorème que nous nous sommes efforcé précédemment de démontrer. Si les peuples, en effet, ne peuvent, sous peine de mort, de banqueroute ou d'anarchie, soutenir leur furie d'armements, et sont, pour cette raison, poussés invinciblement à la guerre, ils sont amenés, pour le même motif, à prendre les mesures nécessaires pour empêcher le retour d'un pareil état de choses. C'est pour eux une loi de nécessité première, à laquelle ils ne peuvent échapper. Or, le seul moyen d'y réussir, est de se débarrasser, à fond, de cet ennemi qui est cause de tout le mal, de le réduire à merci, et de lui imposer des conditions qui permettent de revenir à un état normal, sans souci pour l'avenir.

Voilà où nous en sommes réduits ; voilà l'impasse où l'Europe de la fin du XIXᵉ Siècle s'est acculée.

Il est donc bien établi que le parti vainqueur, s'il ne veut retomber dans le cauchemar des armements à outrance, s'il veut vivre après la victoire, sera forcé d'aller jusqu'au bout. et ne s'arrêtera que lorsque l'ennemi, gisant à terre, se décidera à lui demander grâce.

Donc, dans cette lutte affreuse, pas de pitié, pas de ménagements. pas de quartier ; ce sera la vraie guerre, la guerre dans toute son horreur ; ce sera pour les belligérants une question de vie ou de mort, le *Vœ victis*, l'effondrement complet pour le vaincu.

Mais peut-il arriver que l'un des partis parvienne à terrasser l'autre d'une façon aussi absolue, et à lui faire signer des conditions qui seront pour lui un arrêt de mort ? Cela est-il possible avec les masses armées et les réserves inépuisables dont dispose aujourd'hui chaque nation ? Il y a tout lieu de le croire. Il n'y aura pas, sous ce rapport, une bien grande différence avec ce qui se passait antérieurement. Les tueries seront décuplées, centuplées peut-être, mais l'état moral des armées, et les causes qui le déterminent, seront absolument les mêmes. l arrivera toujours un temps où l'un des partis prendra le dessus sur l'autre, et, à ce moment, quelles que soient les réserves du parti vaincu, rien ne pourra empêcher ces dernières de perdre confiance, de se démoraliser, de s'affoler, (le vieux dur-à-cuire, le soldat impassible au milieu des épreuves n'existe plus), et de se transformer en troupeaux indisciplinés ; quelles qu'aient été les pertes du parti vainqueur, au contraire, il aura encore sous la main des masses inépuisables qui, sous l'influence du succès, marcheront comme un seul homme et seront irrésistibles. Elles donneront la chasse aux bandes ennemies avec autant de facilité que la grande armée de 1806 aux troupes prussiennes, après Iéna, et le pays vaincu sera bientôt submergé comme les rivages de la mer à la marée montante.

Mais si cela est vrai, dira-t-on, pour les Puissances centrales et occidentales, il n'en est plus de même pour la Russie, avec ses immenses territoires et ses solitudes inaccessibles ; et on citera l'exemple de 1812. Qu'on ne s'y trompe pas cependant : les temps sont bien changés, la Russie de 1812 est loin, et celle d'aujourd'hui, avec ses lignes de chemins de fer et ses grandes voies de communication terrestres ou maritimes, n'est guère moins pénétrable que les autres pays d'Europe.

Il me paraît donc bien établi que le vaincu sera réduit à merci, et que le vainqueur, le couteau sur la gorge, lui dictera ses conditions.

Quelles seront ces conditions? — Si nous nous reportons à ce qui vient d'être dit, nous avons déjà presque les éléments nécessaires pour répondre à ce redoutable point d'interrogation. Car si nous nous sommes bien fait comprendre, on devinera sans peine que les nécessités étant les mêmes pour tous, les mesures qui seront prises en principe par les vainqueurs ne différeront guère. Ce principe ne peut être autre que le suivant : rendre le vaincu inoffensif pour le plus longtemps possible, et, dans ce but, lui prendre, tant en territoire qu'en argent, tout ce que l'on aura intérêt à prendre, ou plutôt, ne lui laisser que ce qu'on aura intérêt à ne pas prendre. Limiter ses effectifs armés, de manière qu'il ne soit plus à redouter, ni par lui-même, ni en compagnie d'alliés éventuels.

Il importe cependant de prendre en considération

certains facteurs dont l'influence se fera plus ou moins sentir dans cet impitoyable règlement de comptes, tels que le caractère, le tempérament spécial à chaque peuple, ses aspirations, ses traditions, son objectif, ses appétits et les moyens que lui laisseront ses Alliés de les satisfaire.

Partant de ces bases, nous nous efforcerons de rechercher avec la plus froide impartialité les conclusions qui découlent du calcul des probabilités.

Il y a naturellement à envisager deux hypothèses, celle de la défaite de la Triple-Alliance, celle de sa victoire. Commençons par cette dernière.

§ 1. *Première hypothèse. — La Triple-Alliance est victorieuse.*

Il nous semble inutile de démontrer que, dans ce cas, c'est l'Allemagne qui fera la loi, et qui distribuera les parts. Les deux autres Alliés n'auront qu'à recevoir, sans mot dire, ce qu'on voudra bien leur octroyer ; autrement, il pourra, sans plus tarder, leur en cuire.

Voyons donc, avant tout, les aspirations, les traditions et l'objectif de l'Empire allemand :

L'Allemagne, personnifiée dans la Prusse, a un appétit prodigieux ; l'histoire contemporaine est là pour le prouver. Après s'être essayée sur le petit royaume de Danemark de la façon odieuse que l'on sait, la Prusse a trahi son alliée, l'Autriche, et l'a réduite à l'impuissance ; après l'Autriche, elle s'est rabattue sur la France, et l'a terrassée d'une façon qu'elle croyait définitive ; après la France, elle s'est tournée vers la Russie, et allait lui faire subir le même sort ; mais elle n'en eut pas le temps. La France qu'elle croyait avoir étranglée, s'était relevée en quelques années et allait, si elle partait en guerre contre la Russie, se dresser menaçante derrière elle. Elle voulut reprendre la France en sous-œuvre, et, cette fois, bien et dûment l'achever ; mais la Russie s'y opposa. Force lui fut de changer ses batteries, et elle monta la machine de guerre qu'on appelle la Triple-Alliance.

Son idéal, l'idéal de tout bon Allemand, est de réunir en un seul faisceau, ou plutôt en une seule main, tous les éléments teutons du Continent, et de devenir ainsi, après avoir abattu, *per fas et nefas*, les principales Puissances de l'Europe, l'arbitre et, pour ainsi dire, la souveraine du monde. Elle n'est pas sans avoir de sérieux éléments de succès : elle a pour elle son manque absolu de scrupules, disons mieux, de pudeur ; elle ne connait que la force, et elle n'hésite jamais à se jeter sur une proie, quand elle peut sans risques la saisir ; enfin, elle a un plan net, bien défini, facile à comprendre et à appliquer, et dans l'exécution duquel elle est énergiquement soutenue par les soixante millions d'Allemands de l'Europe centrale.

Les seules Nations qui puissent mettre obstacle à ses projets ambitieux sont la France et la Russie.

En cas de victoire, elle se débarrassera donc de la France, en l'anéantissant d'une façon, cette fois, définitive. Elle se débarrassera de la Russie, pour un temps seulement (elle ne peut faire plus), mais pour un temps qui lui suffira à achever la rupture du faisceau slave en deux tronçons ennemis, en poussant l'Autriche vers la Mer Noire, après lui avoir extorqué ses provinces allemandes.

Le faisceau germanique, d'après les Allemands eux-mêmes, ne peut excéder, en effet, dans l'Europe continentale, 65 à 70 millions ; tandis que le faisceau slave comprend, rien qu'en Russie, 75 millions, et, au dehors, plus de 30 millions. Ce dernier est déjà en partie rompu par l'Autriche ; il est de toute nécessité, pour l'Allemagne, d'achever cette scission.

Partant de ces principes, nous pouvons augurer presque à coup sûr des dispositions que prendra la Triple-Alliance, ou plutôt l'Allemagne, à l'égard des vaincus.

Cette dernière se fera naturellement la part du lion : elle prendra pour elle, à la France, dix à douze Départements frontières, précisément les plus riches et les plus populeux, sous le prétexte spécieux qu'à une époque de l'histoire ils auront plus ou moins fait partie d'Etats allemands, mais, en réalité, pour nous réduire, comme nous l'avons vu, à l'état de Puissance qui ne compte plus, et préparer, par la même occasion, l'englobement ultérieur de la Suisse et de la Belgique. Ces Départements seront probablement le Nord, le Pas-de-Calais, une partie de l'Aisne, les Ardennes (en vue de la Belgique), la Meuse, la Meurthe-et-Moselle, les Vosges, la Haute-Marne, la Haute-Saône, le territoire de Belfort, le Doubs et le Jura (en vue de la Suisse).

Une autre ambition de l'Allemagne est d'avoir des Colonies ; elle s'est repentie naguère de ne pas avoir exigé la Cochinchine. Elle nous prendra donc l'Indo-Chine, et en plus l'Algérie, (qu'elle desservira plus tard par Trieste), pour avoir un pied dans la Méditerranée. — Elle donnera à l'Italie les deux Savoies, les Alpes-Maritimes, le Var et peut-être les Bouches-du-Rhône, la Corse, la Tunisie (avec l'intention bien arrêtée de la lui reprendre).

Du côté de la Russie, elle annexera les Gouvernements de Grodno [1] de Kowno [2] et de Vilna [3], la Courlande [4],

---

(1) Grodno, 975.000 hab. — (2) Kowno, 140.000 hab. — (3) Vilna, 1.300.000 hab. — (4) Courlande, 650.000 hab.

la Livonie [1], l'Esthonie [2], toutes provinces ayant appartenu aux Chevaliers de l'Ordre Teutonique, et pourvues d'une population allemande riche et influente, (l'Esthonie n'a que 4 % de Russes), la Pologne-Russe [3].

Elle donnera à l'Autriche la Serbie [4], le Monténégro [5], la Bessarabie [6], qui la conduira jusqu'à la mer Noire, et, à titre définitif, la Bosnie et l'Herzégovine [7]. Ce sera le commencement de la poussée de l'Autriche vers la Mer Noire et du barrage élevé contre la Russie.

Enfin elle donnera la Finlande [8] à la Suède, si, comme cela est probable, cette dernière entre dans le concert de la Triple-Alliance.

Les conditions imposées seront les suivantes : 1° Interdiction à la France, pendant 50 ans, d'entretenir plus de 60.000 hommes, et à la Russie plus de 80.000 à la fois sous les armes.

2° Indemnité de six milliards à payer par la France, et autant par la Russie.

De ces 12 milliards, l'Allemagne en prendra 8 pour elle seule, et en remettra 2 à chacun de ses alliés. Ces 8 milliards serviront ses desseins ultérieurs, en lui permettant de maintenir ses armements au maximum, tant qu'il en sera besoin.

Ce sera une charge écrasante aussi bien pour la France mutilée que pour la Russie ; pas plus l'une que l'autre ne pourra payer cette indemnité de longtemps, et l'occupation étrangère, suivant le calcul des trois larrons, ne sera pas près de finir.

---

(1) Livonie. 900.000 hab. — (2) Esthonie, 390.000 hab. — (3) Pologne-Russe, 8.000.000 hab. — (4) Serbie, 2.000.000. — (5) Monténégro, 180.000 hab. — (6) Bessarabie, 1.398.000 hab. — (7) Bosnie et Herzégovine, 1.400.000 hab. — (8) Finlande, 2.000.000 hab.

Les Départements français conquis par l'Allemagne seront déclarés Terres de l'Empire, comme l'Alsace-Lorraine, les Territoires russes seront annexés à la Prusse.

Le total de la population de l'Empire d'Allemagne s'élèvera alors à 63 millions, dont 40 millions pour la Prusse seule.

A partir de ce moment, l'Allemagne, ou plutôt la Prusse, n'ayant plus aucun contrepoids, sera maîtresse de l'Europe, et il n'y aura plus de limite à son ambition que sa fantaisie ou son intérêt.

La France et la Russie seront annihilées ; l'Angleterre n'est pas à compter sur le Continent ; l'Italie et l'Autriche ne seront que des hochets entre les mains du Colosse. D'ailleurs, cette dernière ne tardera pas à être à son tour aux prises avec sa puissante Alliée, comme nous allons le voir.

La paix sera-t-elle alors assurée, et le moment du désarmement sera-t-il enfin venu ?

La paix durera à peine quelques années, peut-être quelques mois, et la grande guerre n'aura été en réalité que le premier acte du drame : la guerre Austro-Allemande en sera le second.

Sort de l'Autriche. — Comme nous l'avons dit plus haut, le rêve de l'hégémonie hante tous les cerveaux allemands, et il ne sera pas difficile à l'ambitieuse Prusse de jeter, sous le moindre prétexte, le tout-puissant Empire sur l'Autriche, pour lui ravir ses provinces d'origine germanique et les englober dans son sein. D'abord, l'Autriche n'aura pas été très satisfaite du lot qui lui aura été imparti, d'où première cause de refroidissement ; ensuite, la Prusse, encore moins qu'en 1865, n'aura de raisons pour y mettre des formes, bien au contraire, et elle n'aura qu'un signe à faire pour décider l'Allemagne à exiger l'entrée dans le concert germanique des provinces dont nous parlons. Si l'Autriche y consent, ces provinces, en réalité, ne lui appartiendront plus, et le tour sera joué ; si elle résiste, elle sera écrasée, et le résultat sera identique. La population même de ces territoires favorisera cette évolution : on n'a pas oublié les ovations dont le prince de Bismarck fut l'objet dans la capitale de cette même Autriche, qu'il avait si indignement jouée.

Et quant à supposer que la Prusse hésitera un instant devant l'odieux de sa conduite, qu'elle sera retenue par un sentiment de pudeur quelconque vis-à-vis de son alliée de la veille, c'est ce à quoi il ne faut pas songer. Cela n'entre ni dans ses traditions, ni dans son tempérament, et n'y entrera jamais.

Sort des Etats Confédérés. — Sort de l'Italie. — Aussitôt l'Autriche abattue, la Prusse jettera définitivement le masque. Maîtresse absolue de la situation, n'ayant plus aucun besoin de ses collaborateurs de la première heure, elle n'aura plus aucun ménagement à garder vis-à-vis d'eux, et elle marchera à pleines voiles vers l'unité absolue et effective de l'Empire Allemand. Ce sera le troisième acte du drame.

Elle commencera par s'attribuer les provinces enlevées à l'Autriche : la Silésie [1], la Bohême [2], l'Archiduché d'Autriche [3], Salzbourg [4], le Tyrol [5], la Carinthie [6], la Carniole [7] et l'Istrie [8]. Trieste deviendra Prussien, et l'Em-

---

[1] 500.000 hab. — [2] 5.600.000 dont 2.000.000 d'Allemands. — [3] 3.100.000 tous Allemands. — [4] 170.000. — [5] 800.000 dont 500.000 Allemands. — [6] 340.000. — [7] 480.000. — [8] 1.200.000.

pire Allemand aura enfin son port dans la Méditerranée. Ce sera pour lui une acquisition de premier ordre, tant au point de vue du canal de Suez que du service de l'Algérie.

L'Italie commencera à trembler, et s'apercevra alors, à son tour, si ce n'est déjà fait depuis longtemps, de la faute irremédiable qu'elle aura commise en servant de marchepied au géant germanique. De ce jour, elle aura l'épée de Damoclès suspendue sur la tête, et la lourde main de l'Allemand, qu'elle n'aura d'ailleurs jamais cessé de sentir, s'appesantira de plus en plus sur ses épaules. L'heure, où on lui redemandera brutalement la Tunisie, comme nous le verrons bientôt, ne tardera pas à sonner.

Les Etats Confédérés ne seront pas contents, et feront entendre quelques plaintes. La Prusse n'en aura cure ; cela, au contraire, servira ses desseins. Ce sera un excellent prétexte à incorporations successives, jusqu'à absorption totale et définitive des derniers et chers collaborateurs.

Peu de temps après, la Suisse et le Danemark seront absorbés à leur tour.

L'unité de la Patrie Allemande, réelle, effective, l'unité tant rêvée par les cerveaux d'outre Rhin, tant chantée par les poètes, tant désirée par la jeunesse des Universités, sera donc un fait accompli. Cela se sera réalisé avec une facilité et une rapidité surprenantes, en quelques années, peut-être en moins de dix ans. Il n'y aura pas grands tiraillements ; à l'unité matérielle succèdera bientôt l'unité morale, tout Allemand s'attendant depuis longtemps à ce dénouement, et le désirant du fond du cœur. Les quelques plaintes qui partiront de Vienne, de Munich, et de quelques autres capitales mécontentes seront vite étouffées sous l'explosion des manifestations de l'orgueil germanique ; chaque Allemand, gonflé de son importance, s'estimera bientôt heureux et fier de faire partie d'un si glorieux empire.

Et, de fait, cet Empire aura une puissance irrésistible ; tout ploiera devant sa volonté. Il commandera alors à 80 millions d'hommes, dont 65 millions d'Allemands chauvins et convaincus. Solidement assis sur cette base, il n'aura rien de comparable, quoique aussi rapidement édifié, aux Empires d'Alexandre et de Napoléon ; il n'en aura pas la fragilité, car il s'appuiera sur l'unité de vues, d'aspirations et de races de presque tous ses sujets.

Quelle sera sa nouvelle politique ? Ce sera, bien entendu, de rester, pour le présent et pour l'avenir, maître incontesté de l'Europe, et, pour cela, la marche à suivre sera tout aussi simple, tout aussi nette, tout aussi indiquée que par le passé.

Il aura, d'abord, après avoir abattu l'Autriche, aidé de tout son pouvoir à la reconstitution de cet Etat vers la Mer Noire, pour tenir définitivement en bride l'élément slave ; aux 14 millions d'Allemands qu'il lui aura enlevés, il lui aura substitué 8 à 10 millions de Valaques, Moldaves, Bulgares, Turcs, Grecs, etc., et il la poussera désormais vers Constantinople.

Il aura ainsi dressé devant la Russie, seule Puissance capable de l'inquiéter, et qui sera loin d'être relevée de sa défaite, un mur presque infranchissable ; il lui aura barré définitivement le chemin de la Capitale ottomane.

Il continuera donc à être tranquille de ce côté.

La France ne comptera plus ; réduite à 26 millions d'habitants, sans armée, sans argent, elle ne pourra même pas songer à se constituer des alliances pour se relever de ses ruines.

L'Italie ne comptera pas davantage ; ses 32 millions

d'hommes, dont un tiers est à retrancher au point de vue militaire, ne la placeront pas, vis-à-vis du Colosse, dans une situation plus brillante ; ce dernier la mettra sur le même pied, et la traitera avec la même désinvolture ; elle ne vivra qu'à la condition de se soumettre à un véritable servage. Elle n'aura pas davantage la ressource des alliances, car aucune Puissance ne sera assez folle pour tenter avec elle une si grosse aventure. Elle ne pourra compter ni sur la France, ni sur la Russie, qui l'abhorreront, et qui, d'ailleurs, n'auront plus d'armée ; ni sur l'Autriche, qui aura été à son tour écrasée ; ni sur l'Angleterre, qui ne peut rien faire ni empêcher dans les luttes continentales. Après l'annexion de Trieste et de la Suisse, elle poussera des cris d'indignation et de détresse. Le géant lui répondra en lui enlevant la Tunisie, et, si elle n'est pas encore satisfaite, il lui reprendra les Départements français qu'il lui avait donnés en pâture, et la rejettera brutalement de l'autre côté des Alpes. Heureuse encore si elle s'en tire à ce prix.

L'Angleterre ! que pourra-t-elle faire contre le puissant Empire, à part d'inutiles intrigues qu'elle essaiera de nouer sur le Continent. Son alliance même sera parfaitement illusoire, car dans l'état d'affaiblissement et de divisions où seront les autres Etats de l'Europe, elle ne pourra être absolument d'aucun poids dans le règlement de leurs destinées. Cela, au contraire, ne fera que hâter à elle-même son heure, qui, comme nous allons le voir, viendra également à son tour.

Sort de l'Angleterre. — Il ne faut pas croire, en effet, qu'arrivé à ce degré de force, libre de tout souci, faisant la loi à tous, l'omnipotent Empire se déclarera satisfait ; ce serait folie de le supposer. Au milieu de sa gloire et de sa puissance, il lui manquera quelque

chose : des côtes maritimes en rapport avec son importance militaire et économique, des ports sur des mers
profondes, de nouvelles Colonies pour son commerce et
pour déverser le trop-plein de sa population. La Hollande
et la Belgique seront pour lui, sous ce rapport, des mor-
ceaux de tout premier choix, une proie tellement tentante,
qu'on peut tenir pour certain qu'aussitôt qu'il croira le
moment psychologique venu, il ne résistera pas un instant
au plaisir d'y goûter.

D'ailleurs, les populations batave et flamande ne font-
elles pas aussi partie de la grande famille germanique ? Les
Bataves ne sont-ils pas venus de la rive droite du Rhin, et
la langue flamande n'appartient-elle pas au groupe de la
branche saxonne ou cimbrique ? De quel droit resteraient-
elles en dehors de la famille ?

La Hollande et la Belgique y passeront donc à leur tour.

Cela mettra l'Allemagne aux prises avec l'Angleterre ;
ce sera le quatrième et dernier acte du drame allemand.

Si l'Angleterre s'arme de patience, et, fermant les yeux
sur les empiétements de son redoutable adversaire, refuse
d'en venir aux mains, la lutte n'en éclatera pas moins. Elle
aura assisté, impuissante autant que frémissante, à son
développement prodigieux : elle l'aura rencontré sur toutes
les mers ; elle l'aura vu souvent se dresser en face d'elle
et lui barrer le chemin. La fière Angleterre aura plus d'une
fois rongé son frein ; plus d'une fois, elle aura eu des
envies terribles d'engager la lutte. Si elle ne l'a pas fait, si
elle ne le fait pas, c'est l'Allemagne qui le fera à son heure,
et le résultat sera le même. Maîtresse incontestée sur le
Continent, cette dernière, en effet, ne pourra pas supporter
longtemps la suprématie de l'Angleterre sur les mers ; elle
ne supportera pas davantage ses empiétements incessants
en dehors d'Europe, pas plus que la guerre économique

qu'elle lui fera sur tous les points du globe. Les deux Puissances s'y rencontreront à chaque instant face à face, et il faudra que l'une ou l'autre recule ; ce ne sera pas l'Allemagne qui, sentant sa force, n'aura d'autre désir que d'en venir aux mains. Le conflit sera inévitable.

Quant au dénouement, il est tout indiqué ; ce sera la lutte de Rome contre Carthage. Sans recourir aux enseignements de l'Histoire, qui nous apprend que les nations purement maritimes sont appelées tôt ou tard à disparaître , les forces seront tellement disproportionnées que l'issue ne peut être douteuse.

Une des conséquences de la victoire de la Triple-Alliance sera donc que l'Angleterre, comme toutes les autres Nations de l'Europe, se trouvera, par la suppression de tout contrepoids à la Puissance Allemande, directement menacée, et menacée, remarquons-le bien, dans son existence même. Nous verrons s'il en sera de même dans la seconde hypothèse.

Telle sera l'épopée allemande, telles seront les étapes rapides que parcourra l'Empire allemand, pour arriver à son complet développement, si la Triple-Alliance est victorieuse dans l'immense conflit qui se prépare. Il sera alors à l'apogée de la puissance, et il dictera ses lois aux Rois et aux Peuples, jusqu'à ce que son heure sonne à son tour à l'horloge de la destinée, et qu'il disparaisse dans quelque grande convulsion intérieure, ou soit submergé sous les flots de quelque nouvelle et formidable invasion asiatique.

§ 2. *Seconde hypothèse. — La France et la Russie sont victorieuses*

Mais il est temps de détourner nos yeux de ce lugubre tableau ; il vous prend un écœurement, en passant en revue toutes ces trahisons, toutes ces perfidies, ces âpres avidités et ces sauvages abus de la force. Si la Prusse réussit dans ses odieuses trames, c'en sera fait de l'honnêteté et du droit, et il faudra désespérer de la justice immanente des choses. Mais ne désespérons pas, il y aura encore, quoique on en dise, une justice sur terre, et nous en verrons, peut être plus tôt que nous ne pensons, les manifestations. Hâtons-nous de passer à la seconde hypothèse.

En suivant la méthode que nous avons observée jusqu'ici, nous commencerons par un exposé rapide de la situation respective des deux Peuples, de leurs caractères, de leurs traditions, du but qu'ils poursuivent et nous tâcherons d'en tirer des conclusions rationnelles au point de vue du traitement qu'ils devront imposer aux différents Etats de la Triple-Alliance vaincue.

1° FRANCE. — On peut caractériser d'un mot le tempérament et les traditions de la France : elle est l'antipode de la Prusse. A l'inverse de son ennemie, elle a toujours représenté les idées généreuses, et a presque toujours fait passer les questions de sentiment, souvent à son grand préjudice, avant les questions d'intérêt. Les exemples abondent : nous nous contenterons d'en prendre un d'une actualité saisissante, en ce qu'il nous donnera l'explication des rapports Franco-Russes depuis un siècle.

Le grand malentendu qui a plané depuis plus de cent ans sur ses relations avec la Russie, n'a pas eu d'autre cause. Elle n'a pu s'empêcher, dans sa sympathie instinctive pour les opprimés, de prendre parti pour la Pologne, toutes les fois que cette question s'est réveillée, oubliant que ce petit Royaume, de 12 millions d'habitants, avait tout fait pour amener sa propre chute, moins encore par ses divisions intestines que par le dur servage que ses Seigneurs, qui avaient droit de vie et de mort et qui possédaient toutes les terres, faisaient peser sur sa population tout entière, oubliant que ces mêmes Seigneurs, traîtres à leur pays, avaient pris l'habitude, pour soutenir leurs âpres compétitions personnelles, de s'adresser à l'Étranger, oubliant enfin que la Pologne elle-même avait mis plusieurs fois la Russie à deux doigts de sa perte. Elle n'a pu s'empêcher de pousser des cris d'indignation toutes les fois que des répressions sanglantes ont étouffé les insurrections de ce malheureux pays, oubliant que, chez tous les peuples, les répressions d'insurrections ont toujours été terribles, oubliant que, chez nous même, la Convention avait décrété la destruction de Lyon et le passage de la charrue sur son sol, oubliant enfin que les répressions russes ne portaient, en somme, que sur la classe aristocratique, c'est-à-dire, comme nous venons de le voir, sur une classe de durs oppresseurs.

Cet exemple peint le caractère français tout entier, avec sa générosité spontanée, ses aspirations humanitaires, ses élans irraisonnés de bonté et de justice universelles, qui souvent tournent contre lui.

Le tempérament français répugne à toute idée de perfidie et de machinations ténébreuses ; il n'admet pas plus ces procédés entre les Nations qu'entre les individus, et il ne comprendra jamais le système de trames odieuses qui semble définitivement constituer la ligne de conduite de la Prusse.

Quant à son désintéressement, quoique eu disent nos bons amis les Italiens, il ne peut être mis en doute ; il s'est manifesté tout le long de notre histoire, et l'annexion de Nice et de la Savoie ne prouve en rien le contraire. La France n'a pas pris Nice et la Savoie ; ce sont ces populations, essentiellement françaises, d'origine gauloise pure, ayant appartenu plusieurs fois et longtemps à la France, qui se sont données à elle par un vote populaire unanime. La France pouvait-elle refuser ? Cela n'aurait plus été du désintéressement, mais de l'ingratitude doublée de niaiserie.

Et, vraiment, l'on dirait aujourd'hui qu'il y a eu dans ces événements quelque chose de providentiel. Où en serions-nous, à l'heure présente, s'ils ne s'étaient pas produits ? L'Italie n'en serait pas moins notre ennemie, car les raisons dynastiques et la folle ambition de se partager nos dépouilles avec la toute puissante Allemagne ne l'auraient pas moins décidée à entrer dans la Triple-Alliance, et ses armées camperaient en ce moment presque au cœur de la France, à 35 kilomètres de Lyon. Il nous faudrait, pour contenir les Italiens, deux corps d'armée de plus, qui nous feraient grandement défaut sur les Vosges.

Cette petite digression n'est pas tout-à-fait oiseuse ; elle rentre bien, au contraire, dans notre sujet ; car au milieu des passions et des haines déchaînées de toutes parts, qui étouffent tout sentiment d'impartialité et toute droite raison, il était nécessaire de rappeler ce fait d'histoire contemporaine, et de démontrer que la France, en cette circonstance comme en toute autre, ne s'est en rien écartée de ses traditions de loyauté et de droiture.

Il ne nous reste qu'un mot à dire du but qu'elle poursuit : son objectif actuel est connu de tous, c'est la reprise de possession de l'Alsace-Lorraine. Elle n'a pas, depuis vingt ans, d'autre ambition, et si elle pouvait être assurée de la jouissance paisible de cette malheureuse Province, on peut tenir pour certain qu'elle s'en tiendrait là. Malheureusement, pour assurer cette libre jouissance tout autant que sa propre existence à elle-même, elle sera contrainte en cas de succès, de prendre, comme tout vainqueur aujourd'hui, des mesures exceptionnellement draconiennes.

2° RUSSIE. — Ce que nous venons de dire de la France s'applique en grande partie à la Russie, car ce n'est pas sans raison qu'un illustre penseur a dit : « Les Russes sont les Français du Nord » [1]. On retrouve chez les deux peuples même générosité, mêmes élans, mêmes sentiments chevaleresques, même répulsion instinctive pour les voies tortueuses.

La Russie n'a pas de visées ambitieuses à l'encontre de ses voisins, comme la plupart des autres Etats de l'Europe. En consultant son histoire, on trouve bien peu de déclarations de guerre dues à son initiative ; elle n'a presque jamais attaqué, et s'est toujours contentée de se défendre.

Pendant plusieurs siècles, elle a subi des assauts terribles, venant aussi bien du Sud que du Nord, de l'Est que de l'Ouest, quelquefois des quatre côtés à la fois. Elle fut assaillie par les Mongols à l'Est, par les Turcs au Sud, par les Polonais et les Chevaliers de l'Ordre Teutonique à l'Ouest, par les Suédois au Nord. Vingt fois elle fut sur le point de périr ; les Mongols l'occupèrent pendant deux siècles ; les Polonais furent longtemps à Moscou, pendant que les Suédois étaient à Novgorod-la-Grande. — Elle fut donc presque toujours sur la défensive, et, si elle prit parfois l'offensive, ce fut à la suite de combats heureux, pendant les guerres

---

(1) Rulhières, *Histoire des Révolutions de Pologne.*

qui lui furent faites. Depuis le commencement de ce siècle, elle ne déclara la guerre qu'à la Turquie, pour venir en aide aux chrétiens dans leurs démêlés incessants avec les Mahométans.

La Russie apparait donc comme une Puissance essentiellement pacifique, sans vues hostiles vis-à-vis de ses voisins d'Europe, ayant toujours reculé, sans bruit et presque sans luttes, les limites de son immense Empire, et continuant à les étendre lentement, mais régulièrement, vers l'Asie.

Son objectif. — On comprend sans peine l'instinct pacifique de cette nation. Elle n'a pas besoin de guerre pour satisfaire ses aspirations et ses appétits ; son formidable développement se fait en quelque sorte automatiquement, et des guerres avec de puissants voisins ne pourraient qu'y apporter obstacle. Elle s'appuie sur la race la plus nombreuse qui soit en Europe ; elle a déjà dans son sein 75 millions de Slaves ; 30 millions restent en dehors, mais se rattachent à elle par toutes sortes de liens ; elle les protège plus ou moins, et ils aspirent à faire partie de la grande famille. Elle n'est nullement pressée de les recueillir ; calme et confiante dans sa force, elle laisse le temps accomplir cette œuvre. En attendant, elle emploie ses efforts et son activité à se frayer un chemin vers l'Inde, qui est, depuis quarante ans, son principal objectif politique.

Elle semble donc se désintéresser plus qu'aucune autre Puissance des affaires d'Europe, mais elle observe attentivement ce qui s'y passe. Elle ne peut rester indifférente à l'agrandissement immodéré de l'une des Nations européennes, parce que cette dernière, surtout si elle touche sa frontière, deviendrait un grave danger pour elle. C'est pourquoi elle n'a pas tardé à s'émouvoir quand elle a vu l'Allemagne prendre son prodigieux essor, et tourner bientôt vers elle ses yeux chargés de convoitises. C'est ainsi que ses intérêts, déjà communs sur bien des points, sont devenus identiques aux nôtres ; comme nous, elle n'a à craindre que de l'Allemagne ; de nous, avec les distances qui nous séparent, et les dures expériences que nous avons faites, elle n'a pas plus à redouter que nous n'avons à redouter d'elle.

En résumé, ni la Russie, ni la France ne nourrissent d'idées de conquêtes : ce n'est pas l'ambition qui guide ces deux États.

Pour nous rendre compte du traitement qu'ils imposeront aux Puissances de la Triple-Alliance, nous devons donc simplement rechercher les mesures conservatoires qu'il leur sera indispensable de prendre pour assurer leur existence et leur repos. Agissant sans ambition et sans arrière-pensées, ils n'en prendront pas d'autres, mais on peut être assuré qu'ils les prendront efficaces, et de nature à empêcher le retour à l'ancien état de choses.

En ce qui concerne la Prusse, qui n'a jamais compris et ne comprendra jamais que le militarisme à outrance, et qui, seule, a mis l'Europe dans cette situation intolérable où la civilisation risque de périr, il n'est pas douteux que ces mesures seront exceptionnellement rigoureuses.

Les deux Alliés, tout en affaiblissant la puissance de leurs ennemis, devront augmenter sensiblement la leur ; mais, pour assurer complètement l'avenir, ils devront prévoir le cas de renouvellement de la coalition de ces derniers, même contre un seul d'entre eux, et, dans ce but, leur accoler d'autres Etats ayant des intérêts opposés.

Leurs agrandissements mutuels de territoire ne pourront leur porter respectivement ombrage, car les parts de

chacun seront à peu près de même importance, et ils cons-
titueront, après comme avant, deux Puissances à peu près
d'égale force, se faisant équilibre, et n'ayant aucune raison,
situées aux deux extrêmités de l'Europe, de se chercher
querelle.

Enfin, n'ayant sincèrement l'un et l'autre d'autre désir
que la paix, et une paix durable, voulant fermement mettre
fin, en tant que possible, aux horreurs des guerres, ils
prendront, pour prévenir les entraînements et les coups de
folie qui saisissent parfois les peuples les mieux trempés,
des mesures vis-à-vis d'eux-mêmes en même temps que de
toute l'Europe. Ils institueront un Congrès de la Paix auquel
ils convieront, et contraindront au besoin, toutes les
nations européennes, et qui jugera sans appel toutes les
contestations territoriales qui pourront s'élever en Europe.

Partant de ces données, voici en substance les conditions qui nous paraissent devoir être dictées par les
deux Alliés :

1° Annexion à la France de la Bavière et de la Hesse
rhénanes [1], de la Prusse rhénane [2], du Piémont [3], de la
Ligurie [4], Réintégration de l'Alsace-Lorraine ;

2° Annexion à la Russie de la Prusse orientale [5] et
d'une partie de la Prusse occidentale jusqu'à la Vistule [6],
de la Galicie [7] ;

3° Agrandissement du royaume du Danemark avec le
Schleswig-Holstein, le Mecklembourg, le Nord-Ouest de la
Poméranie, l'Oldenbourg ;

4° Rétablissement du Royaume du Hanovre avec la
Saxe prussienne, les Duchés de Saxe-Weimar et de Saxe-

---

(1) 780.000 h. — (2) 4.000.000. — (3) 3.200.000. — (4) 925.000.
— (5) 2.000.000. — (6) 500.000. — (7) 6.300.000.

Altenbourg, les deux Principautés de Reuss et le Sud-Ouest du Royaume de Saxe jusqu'à Chemnitz ;

5° Erection en Duché de la Province prussienne de Westphalie ;

6° Rétablissement du Royaume des Deux-Siciles ;

7° Érection en Royaume du Monténégro avec la Bosnie et l'Herzégovine. (Le sort de la Bulgarie dépendra de son attitude et de celle de ses voisins pendant la guerre) ;

8° Rétablissement du Duché de Hesse-Nassau, de la Ville libre de Francfort-sur-le-Mein.

9° Dissolution de la Confédération germanique avec interdiction, pendant cinquante ans, de la reconstituer sous une forme quelconque.

Si la Suède a pris part à la guerre, détachement et indépendance de la Norwège, en lui annexant quatre Départements suédois. Paiement d'une indemnité de 100 millions.

Si la Belgique [1] a fait acte d'hostilité, annexion de ce pays à la France, et compensation à la Russie soit avec la Transylvanie [2] et la Bukovine [3], soit avec la Roumanie [4], suivant l'attitude qu'aura prise cette dernière ;

10° Interdiction à la Prusse d'entretenir, pendant cinquante ans, plus de 25.000 hommes ; à la Bavière plus de 8.000, à la Saxe, au Wurtemberg et au Duché de Bade plus de 4.000 ; à l'Autriche plus de 60.000 ; à l'Italie plus de 30.000 ;

11° Paiement d'une indemnité de guerre de 6 milliards par les Etats allemands, au prorata de leur population, de 2 milliards par l'Autriche et de 1 milliard par l'Italie.

---

(1) 5.600.000 h.— (2) 2.100.000.— (3) 570.000.— (4) 5.200.000.

Répartition de ces indemnités par moitié entre les deux Alliés. Occupation des trois pays jusqu'à parfait paiement ;

12° Enfin constitution d'un Congrès Européen de la Paix pour le règlement, en Europe, des questions de territoire. Il se réunira toutes les fois qu'une Puissance quelconque demandera une modification territoriale ; le voté aura lieu sans discussion, et les décisions, prises à la majorité des voix, seront souveraines.

Il sera attribué à chaque Etat le nombre de voix suivant :

NOMS DES ÉTATS	POPULATION	NOMBRE DE VOIX
France	49 ou 54.000.000 hab.	15
Russie d'Europe	90 ou 95.000.000	15
Iles-Britanniques	30.000.000	6
Autriche	27 ou 30.000.000	5
Espagne	17.300.000	4
Prusse	10.000.000	2
Italie	15.000.000	3
Deux-Siciles	10.500 000	3
Danemark	5.000.000	2
Hanovre	6.000.000	2
Turquie d'Europe	7.500.000	2
Belgique	5.600.000	2
Pays-Bas	4.500.000	2
Suède	4.000.000	1
Norwège	2.600.000	1
Suisse	2.900.000	1
Portugal	4.700.000	2
Grèce	2.000.000	1
Roumanie	5.200.000	2
Serbie	2.000.000	1
Montenegro	2.000.000	1
Bavière	4.600.000	1
Saxe	2.300.000	1
Wurtemberg	2.000.000	1
Total		76

Le fonctionnement de ce congrès assurerait, sans nul doute, une longue paix à l'Europe. Les conflits territoriaux étant écartés, la plupart des causes de guerre disparaîtraient. Toutes, assurément, ne seraient pas évitées, mais au moins le plus grand nombre, et, à supposer que l'on n'en évitât qu'une seule, ce serait déjà un progrès immense. On s'habituerait, d'ailleurs, peu à peu au maniement de cet instrument si nouveau, et graduellement on arriverait à lui soumettre la plupart des différends.

Le triomphe de l'alliance Franco-Russe serait une occasion unique dans l'histoire pour l'installation de cette magnifique institution, qui constituerait, sans contredit, la plus belle conquête de l'humanité. Et il y a une telle importance, pour le monde entier, à ce que cet essai soit mené à bien, que les deux Nations victorieuses ne devraient pas hésiter à en imposer l'adoption aux Etats qui se montreraient réfractaires. De quoi se plaindraient-ils, d'ailleurs ? La France et la Russie, maîtresses des destinées du monde, et pouvant les trancher à leur gré, les convieraient à prendre leur part d'influence et à s'associer avec elles dans le règlement de ces destinées. Ne serait-ce pas là un acte de haute et magnanime générosité ?

On ne manquera pas certainement de traiter d'utopie, de rêve-creux de songeur cette grande et féconde idée de l'établissement officiel d'un Congrès Européen de la Paix. Nous ne nous arrêterons pas à ces appréciations, car nous avons l'intime conviction, en formulant cette conclusion, de ne pas nous être écarté de notre méthode, et d'avoir suivi rigoureusement notre calcul de probabilités. Nous avons la conviction que cette idée généreuse est une des premières qui surgira, et qui séduira la généreuse Nation française; et il n'est pas douteux, avec les courants irrésistibles d'opinion qui se produisent chez elle, qu'aussitôt qu'apparaîtra la possibilité de cette création, elle saura en imposer l'adoption à son Gouvernement.

Quant à la Russie, elle a, comme nous l'avons dit, dans sa manière de penser et de sentir, de nombreux points de rapprochement et de contact avec la France. Or, le Tzar qui la dirige, qui en est l'âme et l'essence, est encore, de tous les membres de la grande famille russe, celui qui en a le plus. Non-seulement Alexandre III a des sentiments français, mais il aime réellement et sincèrement la France; il l'a prouvé en maintes occasions, et le prouve encore tous les jours. De plus, c'est un des plus beaux et des plus nobles caractères des temps modernes, un des esprits les plus éclairés, un des plus passionnés pour le bien public. Dans ces conditions, pourra-t-il hésiter à se joindre à nous pour l'établissement de la plus merveilleuse des institutions humaines ? Evidemment non ; il en prendra lui-même l'initiative.

D'ailleurs, au milieu des ruines fumantes, des amoncellements de cadavres, des deuils qui auront frappé toutes les familles, de la disparition en quelques mois de toute la partie jeune et valide des Nations, il s'élèvera un immense et universel cri de réprobation, et c'est bien le cas de dire que le moment psychologique de cette institution sera venu. Elle sortira toute seule de ces horreurs sans nom et sans exemple dans l'histoire , et apparaîtra spontanément à l'humanité et à la civilisation épouvantées comme la seule chance de salut.

En ce qui concerne les conflits hors d'Europe, le Congrès pourra également en connaître, mais avec le consentement des parties intéressées. Ainsi, il est à prévoir que la question de l'évacuation de l'Egypte se posera aussitôt après la conclusion de la Paix. Le Sultan demandera sans doute l'intervention du Congrès ; si l'Angleterre accepte, la question ne tardera pas à être tranchée; si elle refuse, il est évident que ce sera de nouveau la guerre, et que la Turquie, la Russie et la France la contraindront à faire par force ce qu'elle n'aura pas voulu faire de plein gré. Elle sera expulsée d'Égypte, et dès lors que l'épée aura été tirée, elle ne rentrera probablement au fourreau que lorsque les Grandes Indes seront devenues russes, et que toute l'Indo Chine sera devenue française. C'est là pour l'Angleterre le danger de la victoire de l'Alliance Franco-Russe. Mais ce danger est loin d'être équivalent à celui qu'elle courra en cas de triomphe de la Triple-Alliance. Car il ne menacera qu'une seule de ses Colonies, (la plus riche, il est vrai), tandis que, dans le cas contraire, elle sera menacée fatalement, comme nous l'avons démontré plus haut, dans son existence même. La Russie et la France, non-seulement n'auront pas intérêt à la disparition de l'Angleterre, mais encore auront besoin d'elle pour se servir mutuellement de contre-poids. En se portant d'un côté ou de l'autre, elle arrêtera les velléités de conflits qui pourraient surgir ultérieurement entre les deux Alliés, et elle ne manquera pas de jouer son rôle dans ce jeu de bascule, sachant bien qu'elle serait aux abois le jour où l'un d'eux acquerrait le sceptre du monde par l'écrasement de l'autre.

L'Angleterre n'a donc qu'à perdre dans l'immense choc qui se prépare, beaucoup moins cependant d'un côté que de l'autre. Sa politique, en conséquence, est tout indiquée : elle doit chercher à reculer le conflit le plus possible, sinon à le conjurer tout-à-fait. Mais s'il lui venait la fantaisie d'y prendre part, qu'elle se persuade bien que cela ne changerait absolument rien à la succession des événements, qu'en nous appuyant sur la logique des choses et des faits, nous avons essayé de pronostiquer. L'Allemagne, après son triomphe, ne lui tiendrait pas plus compte de son alliance qu'elle ne l'a fait pour l'Autriche après la guerre du Danemark, et la France et la Russie victorieuses n'exigeraient pas moins l'évacuation de l'Egypte. Tout ce qu'elle pourrait gagner dans ce dernier cas, ce serait de retarder pour un temps l'heure de la chute de ses Indes entre les mains des Russes.

Nice, le 25 octobre 1893.